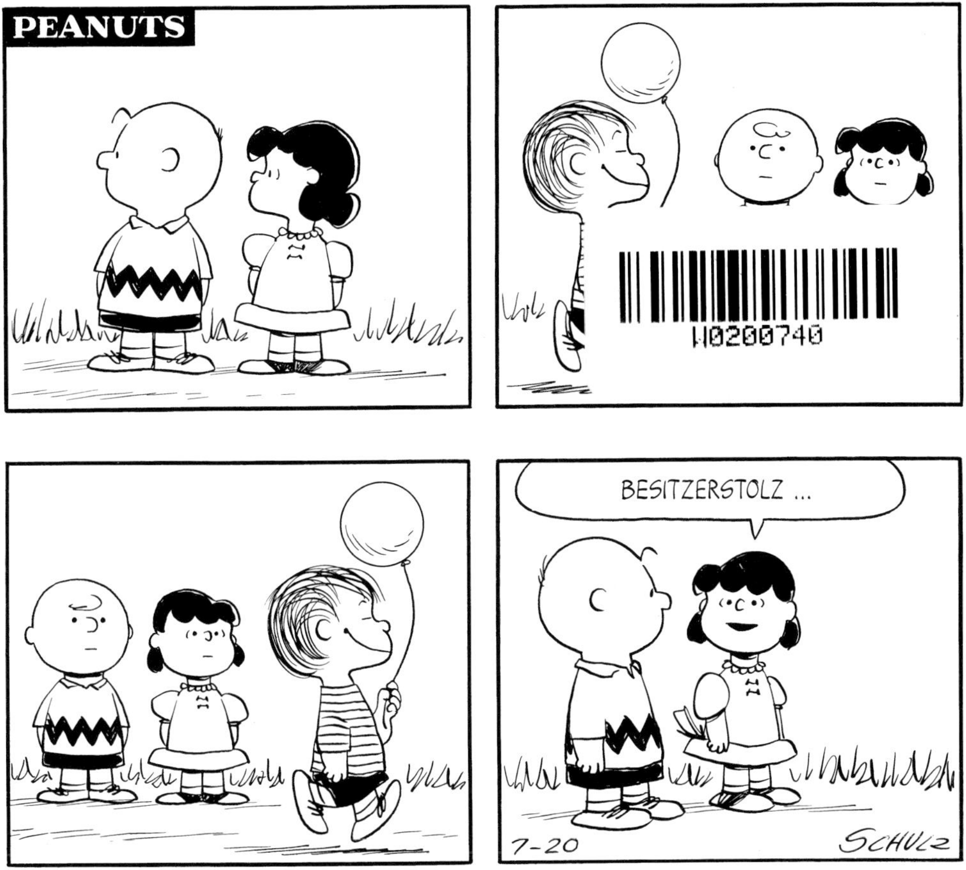
PEANUTS
BESITZERSTOLZ ...
7-20
SCHULZ

20. Juli 1957

PEANUTS
molto rall.
?
Tm. Reg. U. S. Pat Off.—All rights reserved
Copr. 1957 by United Feature Syndicate, Inc.
9-25
HAT BEETHOVEN JE ETWAS FÜR KLAVIER UND E-GITARRE GESCHRIEBEN?
SCHULZ

25. September 1957

»LEBEN BEDEUTET TANZ …«
»TANZ BEDEUTET LEBEN!«
5-5
SCHULZ

5. Mai 1958

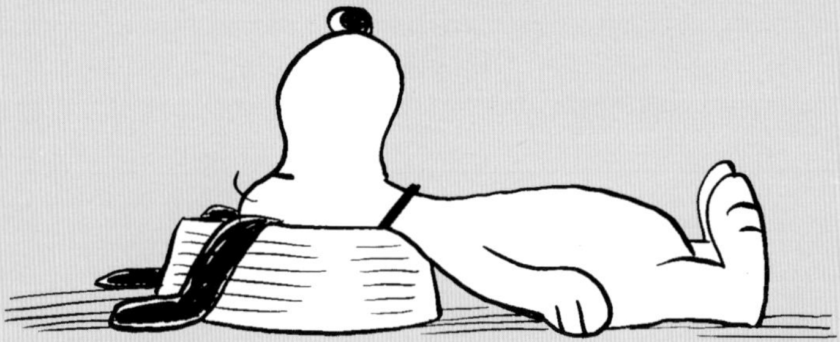

PEANUTS
Z
SNOOPY
AAAAH!
SNOOPY
WHUMP!
MANCHE VON UNS SIND FÜR
DAS LEBEN AN DER SPITZE EINFACH
NICHT GESCHAFFEN
SCHULZ
12-17

17. Dezember 1958

MANCHMAL LIEGE ICH NACHTS WACH UND FRAGE MICH, WARUM ICH GEBO-REN WURDE ...
10-24
WELCHE ROLLE SPIELE ICH AUF ERDEN? WAS IST MEINE BESTIMMUNG?
... UND DANN WIRD ES MIR SCHLAGARTIG KLAR ...
ICH HABE NICHT DIE LEISESTE AHNUNG!
SCHULZ

24. Oktober 1959

AAUGH

PSYCHIATRISCHE HILFE 5¢
5¢
PSYCH HILFE
ICH BIN NEUERDINGS SEHR ÜBERSPANNT ...
5¢
1-28
PSYCH HILFE
BEI DER KLEINSTEN KLEINIGKEIT GEHE ICH AN DIE DECKE ... ICH BIN DAS REINSTE NERVENBÜNDEL ...
5¢
LERN, DICH ZU ENTSPANNEN ... FÜNF CENT, BITTE!
5¢
SCHULZ

28. Januar 1961

SO VIELE GEBURTSTAGSGESCHENKE, ABER NICHTS, WAS ICH MIR GEWÜNSCHT HABE!!
WAS SOLLEN DAS BITTE FÜR GESCHENKE SEIN? NEUE SCHUHE, EIN GRÜNER PULLI UND EIN HAUFEN SPIELSACHEN!
9-18
WAS HAST DU DENN ERWARTET?
IMMOBILIEN!
SCHULZ

18. September 1961

MEIN LEBEN IST ÖDE GEWORDEN.
1-25
JEDEN TAG DAS GLEICHE ... WIEDER UND WIEDER.
ICH BRAUCHE DRINGEND ABWECHSLUNG.
SCHULZ

25. Oktober 1961

LUDWIG
VAN BEETHOVEN
1770-1827

HALLO! KOMM REIN ... ALLES GUTE ZU BEET-HOVENS GEBURTS-TAG!
WIR HABEN DEN KUCHEN NOCH NICHT ANGESCHNITTEN ... WIR WOLLTEN GERADE DAS FINALE VON BEETHOVENS NEUNTER SINFONIE SINGEN ...
!
SOLL DAS HEISSEN, DU **KENNST** DAS FINALE VON BEETHOVENS NEUNTER SINFONIE NICHT?!
SCHULZ

16. Dezember 1964

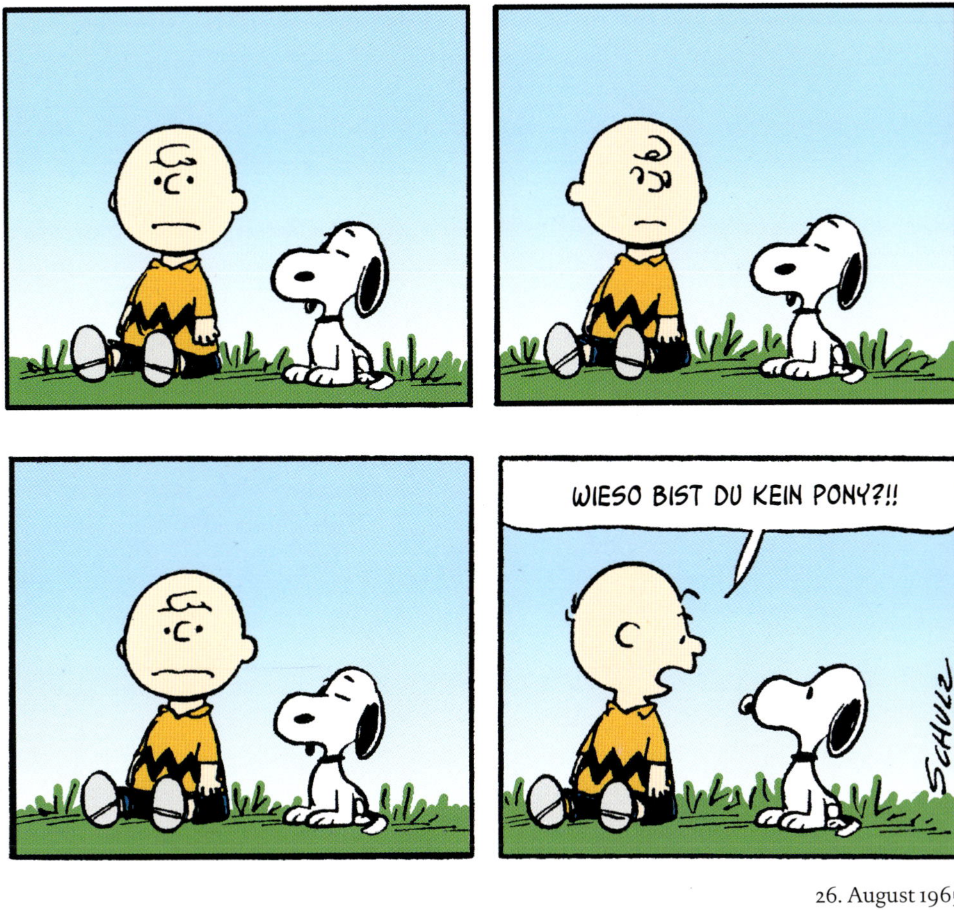
WIESO BIST DU KEIN PONY?!!
SCHULZ

26. August 1965

NA JA, SO RICHTIG BEGEISTERT BIN ICH VON DIESEM DAUMEN NICHT!
SCHULZ

6. September 1965

AN MANCHEN TAGEN LIEBE ICH DAS LEBEN NOCH MEHR ALS AN ANDEREN!
ICH MÖCHTE DIE ERSTBESTE PERSON IN DIE ARME NEHMEN UND FRÖHLICH MIT IHR DURCH DIE STRASSEN TANZEN!
ICH MÖCHTE DIE ZWEITBESTE PERSON IN DIE ARME NEHMEN UND FRÖHLICH MIT IHR DURCH DIE STRASSEN TANZEN!
SCHULZ

18. September 1965

ICH BEGREIFE DICH NICHT!
DIE GANZE WELT GERÄT AUS DEN FUGEN, UND DU TANZT!
ICH KANN EINFACH NICHT ANDERS ... MEINE FÜSSE LIEBEN ES NUN MAL, ZU TANZEN ...
UND ICH HABE SCHLIESSLICH EINE VERPFLICHTUNG MEINEN FÜSSEN GEGENÜBER.
SCHULZ

22. September 1965

GLÜCK IST, WENN DEIN HUND NACH HAUSE KOMMT!
AMEN!
SCHULZ

19. November 1965

SEUFZ

6-27
EINE POSITIVE EINSTELLUNG HILFT AUCH NICHT IMMER.
SCHULZ

27. Juni 1967

ALSO, BALLON, PASS GUT AUF. DU FLIEGST WEG UND LANDEST DANN WIEDER IN MEINER HAND.
WIR FANGEN ERST MAL MIT EINEM GANZ KURZEN FLUG AN ... OKAY, BALLON?
9-28
BALLON?
SCHULZ

28. September 1967

SEUFZ

WENN ICH MEINEN GEBURTSTAG FEIERE, WÜRDET IHR ZWEI DANN KOMMEN?
WEISST DU, CHARLIE BROWN, EIGENTLICH LIEBER NICHT ...
ABER WENN UNS PARTOUT NICHTS ANDERES EINFALLEN WILL UND ES AN DEM TAG NICHTS VERNÜNFTIGES IM FERNSEHEN GIBT, WÜRDEN WIR ES UNS VIELLEICHT NOCH MAL ÜBERLEGEN ...
SCHÖN, WENN SICH DIE LEUTE SO ÜBER EINE EINLADUNG FREUEN.
SCHULZ

20. Juli 1968

PEANUTS
GANZ SCHÖN GRUSELIG, SO EINE GEHEIMMISSION ...
WO SIND WIR? ES IST STOCKFINSTER ... DA ATMET DOCH EINER ... WO SIND WIR? WAS GEHT HIER VOR?
HERZLICHEN GLÜCKWUNSCH!
DA WIRD DOCH DER BEAGLE IN DER PFANNE VERRÜCKT!
SCHULZ
8-10

10. August 1968

OKAY, DU DÄMLICHER BEAGLE ... ESSENSZEIT!
ESSENSZEIT?
OH, ES IST ESSENSZEIT! ESSENSZEIT, ESSENSZEIT, SÜSSE ESSENSZEIT!
JA, ES IST ESSENSZEIT, DIE SCHÖNSTE ZEIT DES TAGES! OH, ES IST ESSENSZEIT! ENDLICH ESSENSZEIT!
ICH KOMME MIR VOR, ALS WÜRDE ICH FRED ASTAIRE FÜTTERN!
SCHULZ

19. Juni 1969

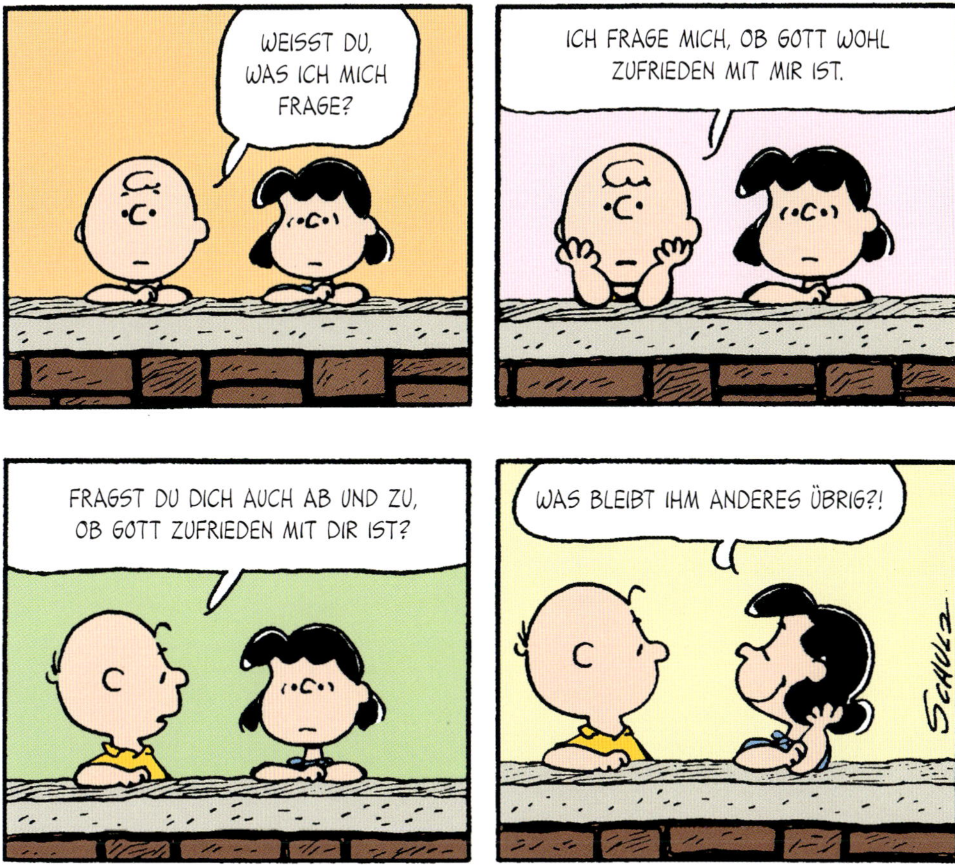
WEISST DU, WAS ICH MICH FRAGE?
ICH FRAGE MICH, OB GOTT WOHL ZUFRIEDEN MIT MIR IST.
FRAGST DU DICH AUCH AB UND ZU, OB GOTT ZUFRIEDEN MIT DIR IST?
WAS BLEIBT IHM ANDERES ÜBRIG?!
SCHULZ

9. Juli 1969

5-12
ES BRAUCHT NICHT VIEL, IHN GLÜCKLICH ZU MACHEN ...
ER DARF JEDEN HIMMEL IN MEINEM MALBUCH BLAU AUSMALEN.
SCHULZ

12. Mai 1970

Z

ICH HAB IHM ZUM GEBURTSTAG SEIN EIGENES MALBUCH UND STIFTE VERSPROCHEN ...
BONK!!
UND DA HEISST ES, VORFREUDE SEI DIE SCHÖNSTE FREUDE!
SCHULZ

21. Mai 1970

8-14
WOODSTOCK WAR IN JÜNGSTER ZEIT ECHT MIES DRAUF.
DABEI HAT ER GLÜCK, DASS ER NICHT IN EINEM KÄFIG LEBT! WENN MAN NICHT IM KÄFIG LEBT, BRAUCHT'S ZUM GLÜCKLICHSEIN DOCH NUR GESUNDHEIT ...
KLONK!!
... UND EINEN GLEICHGEWICHTSSINN.
SCHULZ

14. August 1970

9-26
ES BRINGT UNGLÜCK, SICH EINEM »MÖÖP« ZU VERWEIGERN.
MÖÖP!
DAS WUSSTE ICH GAR NICHT!
SCHULZ

26. September 1970

NICHTS GEHT ÜBER EINEN HERBST-SPAZIERGANG ...
ES IST HERRLICH, DANACH NACH HAUSE ZU KOMMEN UND SICH EINE HEISSE SCHOKOLADE ZU GÖNNEN ...
10-8
SCHULZ
UND SICH VOR DER WARMEN GLOTZE ZU RÄKELN.

8. Oktober 1970

HEE
HEE
HEE

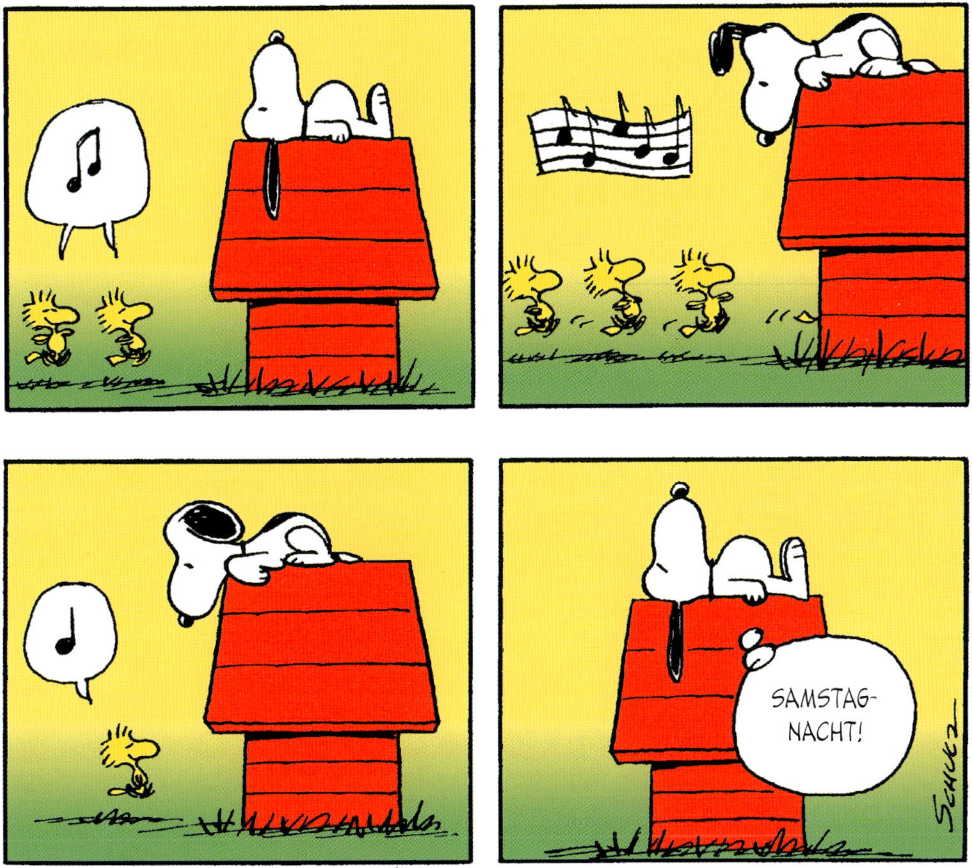
SAMSTAG-
NACHT!
SCHULZ

10. Oktober 1970

STELL DICH ZU MIR UND LASS DIR DIE WARME SONNE AUF DEN RÜCKEN SCHEINEN ...
IST DAS NICHT EIN HERRLICHES GEFÜHL?
UND GANZ UMSONST!
10-14
SCHULZ

14. Oktober 1970

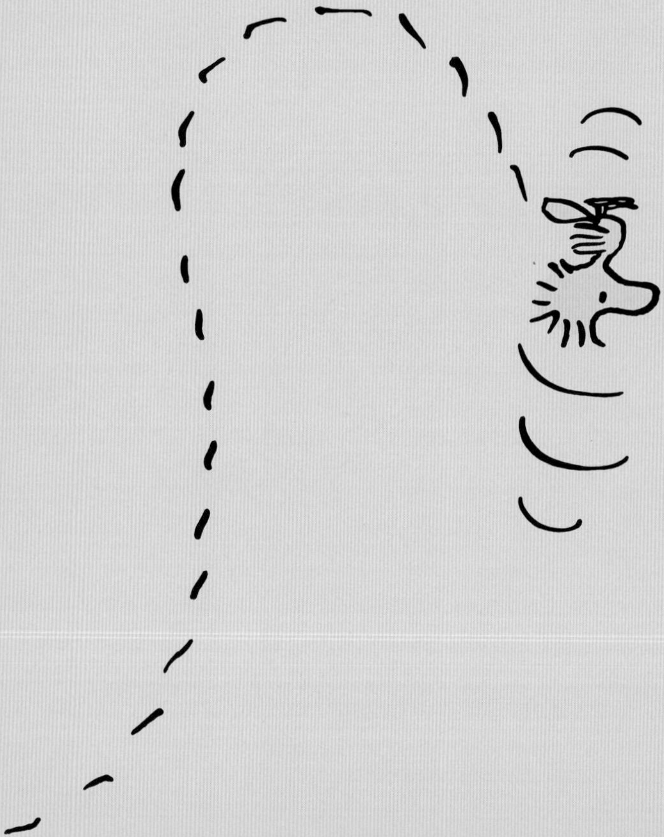

WOODSTOCK WAR GESTERN AUF EINER FEIER.
4-28
DA WAR DIESER SÜSSE KLEINE SPATZ UND ER HAT SICH EIN BISSCHEN VERKNALLT ...
ABER DANN HAT IHM DIESER EICHELHÄHER ERZÄHLT, DASS SO EIN ROTKEHLCHEN, DAS MIT EINEM KOLIBRI DA WAR, IMMER NOCH WAS FÜR DEN SPATZ EMPFINDET, DER WIEDERUM AUF EINEN KANARIENVOGEL STEHT, DER SICH IN DEN EICHELHÄHER VERGUCKT HAT UND ...
DIE SACHE SCHEINT MIR RECHT VERWORREN.
SCHULZ

28. April 1971

ABGEMACHT ...
VON HEUTE AN BEGRÜSSE ICH JEDEN NEUEN TAG MIT EINEM LÄCHELN AUF DEN LIPPEN ...
VERGESST ES!
5-24
SCHULZ

25. Juni 1971

9–28
WOODSTOCKS PARTYS SIND GANZ SCHÖN ÖDE!
SCHULZ

28. September 1972

?
WAS FÜR EINE BLÖDE FRAGE!
WIE KÖNNTE ICH MALZBIER UND OLIVEN VERGESSEN HABEN?
SCHULZ

30. Dezember 1972

PEANUTS
FÜR MEIN REFERAT HABE ICH HEUTE DEN HUND MEINES BRUDERS MITGEBRACHT ...
9-13
WAS ICH ALLERDINGS SCHON WIEDER BITTERLICH BEREUE!
SCHULZ

13. September 1973

BÄH!

ICH BIN GELIEFERT!
10-18
ICH MUSS BIS NÄCHSTE WOCHE EIN REFERAT ÜBER FLÜSSE SCHREIBEN. DA IST DIE MIESE NOTE SCHON VORPROGRAMMIERT!
WARUM GIBST DU DIR NICHT EIN BISSCHEN MÜHE UND VERSUCHST, DEINEN VORTRAG SO GUT WIE MÖGLICH ZU MACHEN?
DER GEDANKE IST MIR GAR NICHT GEKOMMEN!
SCHULZ

18. Oktober 1973

FÜR MEIN REFERAT HABE ICH HEUTE EIN BLATT DABEI.
WIE IHR VIELLEICHT SCHON BEMERKT HABT, HABE ICH DEN BAUM NICHT MITGEBRACHT!
HA HA HA HA!!!
JA, FRÄULEIN.
WAS ALSO DAS BLATT ANGEHT ...
10-24
SCHULZ

24. Oktober 1973

WIE WAR DIE FEIER, BRUDERHERZ? HATTEST DU SPASS?
SCHÖN WÄR'S, NEIN! ICH BIN INS PLANSCHBECKEN GESTOLPERT UND ALLE HABEN MICH AUSGELACHT, UND ALS DANN NOCH IRGENDWER MEINTE, ICH SEI DUMM WIE BROT, BIN ICH HEIMGEGANGEN ...
ICH WEISS, WIE DU DICH FÜHLST, BRUDERHERZ ... VIELLEICHT WÄR'S BESSER, WENN DU ZU HAUSE BLEIBST UND EIN BISSCHEN MIT DEM HUND SPIELST ...
VERGISS ES ... DER AMÜSIERT SICH NOCH AUF DER FEIER!
SCHULZ

22. Juli 1974

1–14
Z
ICH BIN WACH!!
ALLES IN ORDNUNG, FRÄULEIN … NUR EIN LEICHTES SCHLEUDERTRAUMA!
SCHULZ

14. Januar 1975

8. Februar 1975

SEUFZ!

WAS MEINST DU, OB DU WOHL EINEN GLÜCKSSTERN HAST, CHARLIE BROWN?
9-5
WEISS NICHT.
ICH GLAUBE SCHON, CHARLIE BROWN ...
UND DAS WAR ER!
SCHULZ

5. September 1978

RICHTIG ODER FALSCH? TJA, FRÄULEIN, LASSEN SIE MICH NACHDENKEN ...
10-12
ICH SAGE »RICHTIG«!
DAS STIMMT? NA SO WAS!
ICH HAB'S EBEN EINFACH DRAUF!
SCHULZ

12. Oktober 1977

VON GESTERN LERNEN.
11-4
FÜR DAS HEUTE LEBEN.
NACH MORGEN SCHAUEN.
NACHMITTAGS AUSRUHEN.
SCHULZ

4. November 1978

WEISST DU EIGENTLICH, WIE GUT DU'S HAST, KLEINER VOGEL? DIR KANN MATHEMATIK GETROST GESTOHLEN BLEIBEN ...
2-20
DU BRAUCHST DICH NICHT MIT ZÄHLERN UND NENNERN UND SOLCH EINEM UNFUG RUMSCHLAGEN.
DU HAST ES WIRKLICH GUT.
$\frac{7\sqrt{2}}{\sqrt{6}} \cdot \frac{\sqrt{6}}{\sqrt{6}} = \frac{7\sqrt{2 \cdot 2 \cdot 3}}{6} = \frac{7}{3}\sqrt{3}$
SCHULZ

20. Februar 1979

WAS WÜRDEST DU SAGEN, WENN DU JUNG UND HÜBSCH WÄRST UND TROTZDEM NIE ZU SILVESTERPARTYS EINGELADEN WIRST?
DAS MUSS MAN SICH MAL VORSTELLEN ... ICH HABE EIN SÜSSES GESICHT UND SPRÜHE VOR CHARME, ABER LÄDT MICH EINER EIN? NEIN!
1-2
STELL DIR DAS VOR!
VERGISS ES ... ICH STELL MIR GRAD 'NE PIZZA VOR.
SCHULZ

2. Januar 1980

10. Mai 1980

Z

JA ... ICH MUSS EIN PAAR SACHEN FÜR DIE SCHULE KAUFEN ...
WAS BRAUCH ICH DENN? EINEN NEUEN FÜLLER, EINEN ORDNER, EINEN BLEISTIFT, EIN LINEAL, ETWAS PAPIER UND ...
9-4
NOCH IRGENDWAS? ACH JA ...
JEDE MENGE GLÜCK!
SCHULZ

4. September 1981

WIR SOLLTEN EINEN TANZKURS MACHEN, MARCIE ...
DORT LERNT MAN DEN WALZER UND DEN FOXTROTT UND DEN TANGA ...
TANGO.
5-14
VON MIR AUS.
SCHULZ

14. Mai 1984

BEI EINER GUTEN UNTERHALTUNG REDET DER EINE, WÄHREND DER ANDERE ZUHÖRT.
DANN IST DER ANDERE AN DER REIHE, UND DER ERSTE HÖRT ZU ...
ICH REDE GERN ... ZUHÖREN HASSE ICH.
WAR MIR KLAR.
3-2
SCHULZ
WAS?

2. März 1985

»DU VERMISST DAS WASSER ERST, WENN DER BRUNNEN VERSIEGT ...«
DAS HAT MEIN OPA IMMER GESAGT.
6-6
ER MUSS EIN SEHR KLUGER MANN GEWESEN SEIN.
NEIN, MEHR HAT ER EIGENTLICH NIE GESAGT.
SCHULZ

6. Juni 1985

12-31
HIER IST DER KARTON MIT DEN PARTYHÜTEN ...
DANN WÜNSCHE ICH DIR MAL VIEL SPASS NACHHER.
WERD ICH HABEN ...
DIE STIMMUNGSKANONE MACHT SICH AUF ZU EINER RAUSCHENDEN PARTY.
SCHULZ

31. Dezember 1985

SCHNIPP
SCHNIPP
SCHNIPP!
ICH GLAUB, ICH HAB'S RAUS!
SCHULZ
5-7

7. Mai 1987

1. Juli 1989

ICH FRAGE MICH, OB ES ETWAS SCHLIMMERES GIBT, ALS DEN GANZEN TAG AM BRIEFKASTEN AUF EINEN LIEBESBRIEF ZU WARTEN ...
8-22
TJA ... VERMUTLICH SCHON.
SCHULZ

22. August 1990

ICH WAR DER MITTELPUNKT DER FEIER, ALS ICH DEN LAMPENHUT AUFGESETZT HABE ...

BIS ES MIR ALLE UNBEDINGT NACHMACHEN MUSSTEN ...
1-1-91
SCHULZ

1. Januar 1991

HAST DU SCHON HAUSAUFGABEN GEMACHT?
NEIN, ICH HAB 'NE NEUE PHILOSOPHIE ...
ICH HAB BESCHLOSSEN, ALLES AUF DEN LETZTEN DRÜCKER ZU ERLEDIGEN UND NUR NOCH AUF DIE HARTE TOUR ZU LERNEN ...
9-26
VIEL GLÜCK.
BESTEN DANK ... DAS HAT DIE LEHRERIN AUCH GESAGT.
SCHULZ

26. September 1991

GEHEN WIR ZUM BÄCKER ...
6-6
SO EIN GLÜCK! REIN ZUFÄLLIG HABE ICH GEHÖRT, WIE EIN KRAPFEN NACH MIR GERUFEN HAT!
ICH HOFFE, ER HAT NICHT ZU ...
KRAPFEN RUFEN NIE HINTER VERSCHLOSSENEN TÜREN ...

6. Juni 1992

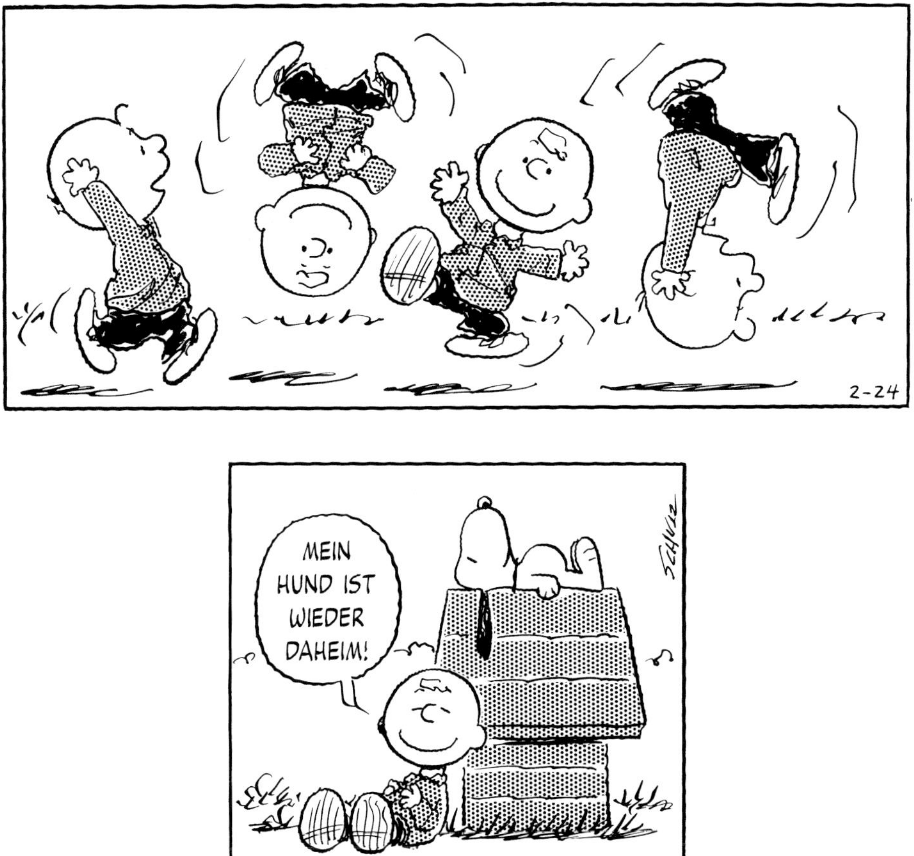
2-24
MEIN HUND IST WIEDER DAHEIM!
SCHULZ

24. Februar 1994

MANCHMAL TUNKT DER VOGEL DEN KRAPFEN EIN ...
UND MANCHMAL DER KRAPFEN DEN VOGEL ...
4-29
SCHULZ

29. April 1996

10-8
ICH KANN MICH NICHT ERINNERN, DICH EINGELADEN ZU HABEN, MIT MIR DIE DECKE ZU TEILEN ...
ABER ICH MUSS ZUGEBEN, DU BIST ANGENEHM WARM UND KUSCHELIG ...
JEDER HAT HALT IRGEND-WAS BEI-ZUTRAGEN ...
SCHULZ

8. Oktober 1996

HAHAHAHA!

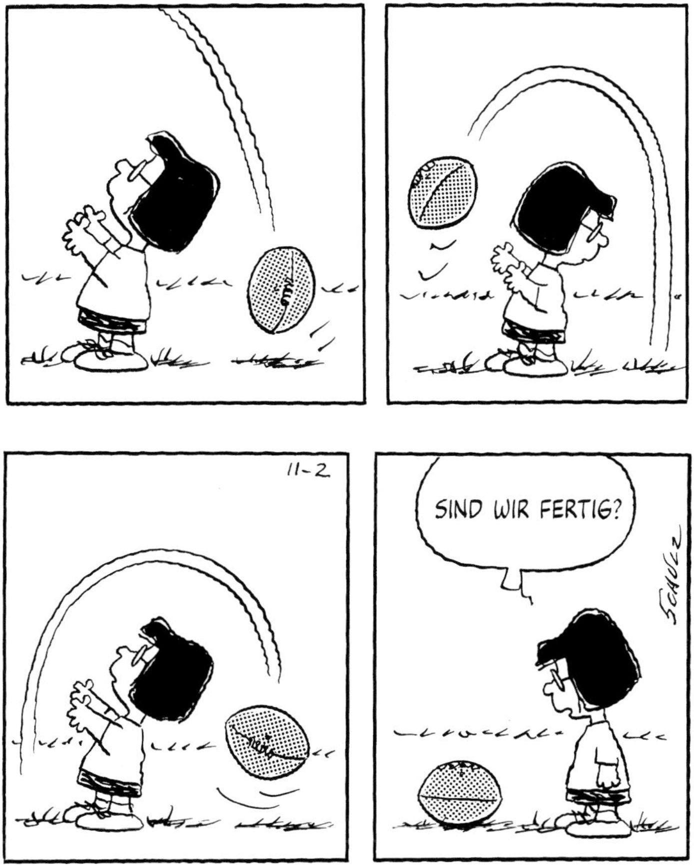

11-2
SIND WIR FERTIG?
SCHULZ

2. November 1996

NA KLAR, DA AMÜSIER ICH MICH MAL BEI EINEM BALL, UND DIR MUSS NATÜRLICH ÜBEL WERDEN ...
WIE MAN HÖRT, HAST DU ZU VIEL PUNSCH GETRUNKEN ...
5-27
ICH HAB ZU VIEL GETRUNKEN ... ZU VIEL GEGESSEN ... UND ZU VIEL GETANZT ...
LASS UNS DAS MORGEN GLEICH WIEDER MACHEN ...
SCHULZ

27. Mai 1998

Verzeichnis der Druckvorlagen

Die Comics wurden der *Peanuts Werkausgabe* von Carlsen Comics entnommen. Alle Texte wurden aus dem Amerikanischen übertragen von Matthias Wieland und für die vorliegende Ausgabe neu gesetzt.

Charles M. Schulz: Die Peanuts Werkausgabe. 22. Bde. Hamburg: Carlsen Comics, 2005–2018. [Im Folgenden mit den im Einzelband enthaltenen Jahren benannt.]

20. Juli 1957: 57/58 S. 86 | **25. September 1957:** 57/58 S. 115 | **5. Mai 1958:** 57/58 S. 211 | **17. Dezember 1958:** 57/58 S. 307 | **24. Oktober 1959:** 59/60 S. 127 | **28. Januar 1961:** 61/62 S. 12 | **18. September 1961:** 61/62 S. 113 | **25. Oktober 1961:** 61/62 S. 11 | **16. Dezember 1964:** 63/64 S. 307 | **26. August 1965:** 65/66 S. 103 | **6. September 1965:** 65/66 S. 108 | **18. September 1965:** 65/66 S. 112 | **22. September 1965:** 65/66 S. 114 | **19. November 1965:** 65/66 S. 139 | **27. Juni 1967:** 67/68 S. 77 | **28. September 1967:** 67/68 S. 117 | **20. Juli 1968:** 67/68 S. 243 | **10. August 1968:** 67/68 S. 252 | **19. Juni 1969:** 69/70 S. 74 | **9. Juli 1969:** 69/70 S. 82 | **12. Mai 1970:** 70/71 S. 214 | **21. Mai 1970:** 69/70 S. 218 | **14. August 1970:** 69/70 S. 254 | **26. September 1970:** 69/70 S. 272 | **8. Oktober 1970:** 69/70 S. 278 | **10. Oktober 1970:** 69/70 S. 278 | **14. Oktober 1970:** 69/70 S. 280 | **28. April 1971:** 71/72 S. 51 | **25. Juni 1971:** 71/72 S. 63 | **28. September 1972:** 71/72 S. 274 | **30. Dezember 1972:** 71/72 S. 313 | **13. September 1973:** 73/74 S.110 | **18. Oktober 1973:** 73/74 S. 125 | **24. Oktober 1973:** 73/74 S. 127 | **22. Juli 1974:** 73/74 S. 244 | **14. Januar 1975:** 75/76 S. 7 | **8. Februar 1975:** 75/76 S. 17 | **5. September 1978:** 77/78 S. 264 | **12. Oktober 1977:** 77/78 S. 123 | **4. November 1978:** 77/78 S. 289 | **20. Februar 1979:** 79/80 S. 22 | **2. Januar 1980:** 79/80 S. 157 | **10. Mai 1980:** 79/80 S. 212 | **4. September 1981:** 81/82 S. 106 | **14. Mai 1984:** 83/84 S. 216 | **2. März 1985:** 85/86 S. 26 | **6. Juni 1985:** 85/86 S. 68 | **31. Dezember 1985:** 85/86 S. 157 | **7. Mai 1987:** 87/88 S. 55 | **1. Juli 1989:** 89/90 S. 78 | **22. August 1990:** 89/90 S. 257 | **1. Januar 1991:** 91/92 S. 1 | **26. September 1991:** 91/92 S. 116 | **6. Juni 1992:** 91/92 S. 224 | **24. Februar 1994:** 93/94 S. 181 | **29. April 1996:** 95/96 S. 209 | **8. Oktober 1996:** 95/96 S. 278 | **2. November 1996:** 95/96 S. 288 | **27. Mai 1998:** 97/98 S. 220